AF451859

1084
24240
Paris
Université) Faculté de Médecine

24,240

LETTRES PATENTES DU ROI,

EN FORME D'ÉDIT,

Portant Règlement pour le Collége de Chirurgie de Paris.

Données à Versailles au mois de Mai 1768.

Regiſtrées en Parlement le 10 du même mois.

A PARIS,

DE L'IMPRIMERIE ROYALE.

M. DCCLXVIII.

TABLE DES TITRES

Contenus dans les Lettres Patentes, concernant le Collége de Chirurgie de Paris.

LETTRES PATENTES

LETTRES PATENTES
DU ROI,
EN FORME D'ÉDIT,

Portant Règlement pour le Collége de Chirurgie de Paris.

Données à Verfailles au mois de Mai 1768.

Regiftrées en Parlement le 10 du même mois.

LOUIS, PAR LA GRÂCE DE DIEU, ROI DE FRANCE ET DE NAVARRE: A tous préfens & à venir; SALUT. Notre vigilance paternelle fur tous les objets qui peuvent intéreffer le bien de l'humanité, nous ayant portés à favorifer d'une manière particulière depuis notre avènement à la Couronne, les progrès de la Chirurgie, nous ne nous fommes pas contentés d'accorder des honneurs, des diftinctions & des prérogatives à ceux qui enfeignent ou qui exercent cet art important; nous avons encore fait, augmenté & foutenu par notre autorité les différens établiffemens qui nous ont paru propres à former des Élèves, qui puffent mériter un jour la confiance de nos fujets, & même celle des Étrangers: Nous avons eu la fatisfaction de reconnoître que ces

A

marques réitérées de notre affection avoient eu tout le succès que nous devions en attendre ; elles ont fait naître & excité le zèle, l'émulation & le goût des Lettres parmi les différentes classes de Chirurgiens de notre Royaume, & sur-tout parmi ceux de la Capitale, qui, par leurs travaux académiques & les découvertes dont ils ont enrichi la partie de l'art de guérir qui leur est confiée, par leurs recherches sur l'économie animale, à laquelle ils ont su faire une heureuse application des connoissances qu'ils ont cultivées avec tant de soin, & par la multiplicité des cours & leçons auxquels ils se sont assujettis pour la plus parfaite instruction de leurs élèves, ont donné l'exemple aux Écoles de Chirurgie, qui se sont déjà établies dans plusieurs provinces sur le modèle de l'École de Paris. Des preuves si sensibles de leur empressement à entrer dans nos vues, nous font espérer de nouveaux succès des efforts qu'ils continueront de faire pour mériter de plus en plus notre protection. C'est pour les encourager & pour leur donner de nouvelles preuves de notre satisfaction & de notre bienveillance, qu'après avoir fait examiner en notre Conseil tous les édits, déclarations & règlemens émanés de nous, ou des Rois nos prédécesseurs, sur le fait de la Chirurgie, nous avons résolu de fixer d'une manière invariable l'état du Collége, Académie & École de Chirurgie de notre bonne ville de Paris, en réunissant dans un même corps les objets de police & de discipline qui peuvent l'intéresser, & en comprenant dans le même règlement tout ce qui concerne la forme des études, les examens & autres actes requis pour être admis à exercer ou à enseigner la Chirurgie dans notredite ville, ainsi que les autres dispositions qui nous ont paru les plus propres à favoriser les talens, à animer & soutenir l'émulation, à prévenir les relâchemens qui pourroient s'introduire, & à seconder de plus en plus les progrès d'un art dont l'utilité & l'importance sont si universellement reconnus pour la conservation de nos sujets. A CES CAUSES, & autres à ce nous mouvant, de l'avis de notre Conseil, & de notre certaine science, pleine puissance & autorité royale, Nous avons par ces présentes, signées de notre main, dit, statué & ordonné ; disons, statuons & ordonnons, voulons & nous plaît ce qui suit :

TITRE PREMIER.

Des droits & prérogatives du Premier Chirurgien du Roi.

ARTICLE PREMIER.

Les statuts, priviléges & ordonnances accordés en faveur de notre Premier Chirurgien, de ses Lieutenans, Greffiers & Commis, ensemble les arrêts & règlemens donnés en vertu d'iceux, seront exécutés selon leur forme & teneur ; en conséquence, avons maintenu & maintenons notre Premier Chirurgien dans sa qualité de chef & garde des chartes, statuts & priviléges de l'art & science de la Chirurgie : il continuera, par lui ou par ses Lieutenans, d'avoir tout droit d'inspection, juridiction & connoissance du fait de la Chirurgie, sur tous les Maîtres, Sages-femmes, Élèves & tous autres exercans ledit art & science, ou partie d'icelle, tant dans la ville, faubourgs, prevôté & vicomté de Paris, que dans toutes les autres villes, lieux, terres & pays de notre obéissance, sans aucune exception.

I I.

Continuera notre Premier Chirurgien, de nommer pour son Lieutenant au collége des Maîtres en Chirurgie de Paris, vacance arrivant de ladite place, par mort, démission ou autrement, l'un des Maîtres dudit Collége qu'il jugera à propos, dans le nombre de ceux qui seront gradués ; & pour Greffier, telle personne qu'il avisera bon être : il délivrera à l'un & à l'autre des provisions en vertu desquelles ils seront reçus & installés audit Collége en leursdites qualités. Sera ledit Lieutenant, Prevôt perpétuel ; & si le Greffier est l'un des Maîtres dudit collége, il jouira, outre les droits particuliers attribués au greffe, des mêmes droits, honneurs & prérogatives dont jouissent les autres Maîtres.

I I I.

Avons pareillement maintenu notre Premier Chirurgien dans le droit d'avoir sa chambre de juridiction audit collége des Maîtres en Chirurgie de Paris; auquel lieu il aura, ainſi que ſon Lieutenant, le droit de convoquer les aſſemblées dudit Collége pour les affaires d'icelui, d'y préſider, d'y porter le premier la parole, de recueillir les voix, de prononcer les délibérations, de recevoir le ferment des nouveaux Maîtres & celui des Prevôts, d'entendre les comptes, & de les clore définitivement; comme auſſi d'y faire obſerver la diſcipline, les ſtatuts & règlemens donnés ſur le fait de la Chirurgie.

I V.

Le Greffier tiendra les regiſtres de tous les actes du Collége; & feront leſdits regiſtres cotés & paraphés par première & dernière feuille, par le premier Chirurgien ou ſon Lieutenant: En cas d'abſence du Greffier titulaire, notre Premier Chirurgien ou ſon Lieutenant, commettra un des Maîtres préſens pour tenir le regiſtre & écrire les délibérations.

V.

Notre déclaration du 25 août 1715, ſera exécutée ſelon ſa forme & teneur; Voulons en conféquence que toutes les conteſtations qui pourroient être formées au ſujet des droits utiles & honorifiques de la charge de notre Premier Chirurgien, de ſes Lieutenans, Greffiers & Commis, de quelque nature qu'elles puiſſent être, continuent d'être portées directement à la Grand'-Chambre de notre Parlement de Paris.

TITRE DEUXIÈME.

Des droits, prérogatives & immunités des Maîtres en Chirurgie de Paris.

V I.

Le collége de Chirurgie de Paris, continuera de porter pour armoiries, d'azur à trois boites d'or, deux en chef, une en pointe, avec une fleur-de-lys en abîme, avec cette deviſe, *Conſilioque Manuque.*

V I I.

Les Maîtres dudit Collége, jouiront des honneurs, diſtinctions, prérogatives & immunités dont jouiſſent ceux qui exercent les arts libéraux & ſcientifiques ; feront en conſéquence leſdits Maîtres compris dans le nombre des notables Bourgeois de la ville de Paris, & participeront à toutes les prérogatives dont font en poſſeſſion leſdits Notables ; défendons de les comprendre dans aucun rôle des arts & métiers, ni de les aſſujettir à la taxe de l'induſtrie.

V I I I.

Et d'autant que par notre déclaration du 23 avril 1743, nous avons annullé les contrats d'union du collége de Chirurgie, faits en 1656 avec les Barbiers, ainſi que les délibérations & autres actes paſſés en conſéquence, & que nous avons rétabli les Chirurgiens de Paris dans tous les droits des anciens Chirurgiens de robe longue ; leſdits Maîtres dudit Collége actuellement reçus, & ceux qui feront reçus à l'avenir, continueront de jouir du droit de porter la robe longue & le bonnet quarré, comme en uſoient leſdits Chirurgiens de robe longue. Ils continueront auſſi d'avoir l'évocation de leurs cauſes en première inſtance, par-devant le Prevôt de Paris, ou ſon Lieutenant civil au Châtelet de ladite ville.

I X.

Les Maîtres en Chirurgie de Paris, qui voudront fixer leur réſidence & exercer la Chirurgie dans quelqu'autre ville du Royaume, pourront ſe faire agréger dans le collége des Chirurgiens de ladite ville, ſans ſubir aucun examen ou nouvelle expérience : conſiſtera ladite agrégation dans le ſimple enregiſtrement de leurs lettres de maîtriſe au greffe de notre Premier Chirurgien, pour lequel enregiſtement il ne ſera payé d'autres droits que celui de la bourſe commune ; au moyen de quoi leſdits Maîtres ainſi agrégés, jouiront des mêmes honneurs, entrées, émolumens & prérogatives que les autres Maîtres dudit Collége, & ils y prendront rang du jour de leur réception à Paris.

X.

Aucune perſonne, de quelque qualité & condition qu'elle ſoit, ne pourra exercer la Chirurgie dans la ville & fauxbourgs de

Paris, même dans les lieux privilégiés ou prétendus tels, pour quelque raison que ce soit, s'il n'est Membre du collége de Chirurgie de Paris. Défendons à tous autres d'exercer aucune des parties de la Chirurgie, sous peine de cinq cents livres d'amende : Ne pourront les personnes non reçues, avoir aucune action pour leurs salaires, pansemens & médicamens, même en vertu de mémoires arrêtés & reconnus, ni leur rapport faire foi en Justice, nonobstant tous arrêts, brevets, lettres - patentes, priviléges, édits ou autres titres à ce contraires, lesquels nous révoquons, en défendant à tous Juges d'y avoir égard.

TITRE TROISIÈME.

De la forme du Collége & de ses Assemblées.

X I.

LE Collége des Maîtres en Chirurgie de Paris, sera composé de notre Premier Chirurgien, de son Lieutenant, de quatre Prevôts & d'un Receveur, d'un Doyen, d'un Greffier de notre Premier Chirurgien, & de tous les autres Maîtres reçus ou agrégés, lesquels seront distribués en quatre classes. Notre Premier Chirurgien ou son Lieutenant, mettra chaque Maître nouvellement reçu dans la classe qu'il jugera à propos, en observant de rendre les classes égales en nombre, autant qu'il sera possible.

X I I.

A la fin de chaque année, il sera dressé deux différens catalogues ou tableaux ; le premier contiendra les noms, surnoms, qualités & demeures de chaque Maître, ainsi que le jour & l'année de sa réception ; le second ne marquera que leurs noms, suivant la distribution en quatre classes, à la tête de chacune desquelles sera le nom d'un des quatre Prevôts. Notre Premier Chirurgien & son Lieutenant seront inscrits les premiers dans ces deux catalogues, & le Greffier à la fin, & il en sera fourni chaque année, un exemplaire à chacun des Maîtres, ainsi qu'à la Faculté de Médecine.

X I I I.

TOUTES les assemblées pour affaires, élections des Prevôts

& Receveur, reddition des comptes, examens, actes & réceptions des Candidats, se feront en la salle du collége, sur les mandemens de notre Premier Chirurgien, ou de son Lieutenant: Pourront néanmoins les Prevôts, en cas de refus de la part du Premier Chirurgien ou de son Lieutenant, & huitaine après une sommation faite en la forme ordinaire, convoquer l'assemblée dudit collége.

X I V.

I L sera établi, suivant l'usage, une Chambre du Conseil, laquelle sera composée de notre Premier Chirurgien, de son Lieutenant, des quatre Prevôts, du Receveur, du Doyen, des deux derniers Prevôts, & du Receveur sortis de charges, du Greffier, & de vingt autres Maîtres élus & nommés en la manière qui sera dite ci-après; ledit Conseil s'assemblera tous les Mercredi de chaque semaine non fêtés, à trois heures précises, pour délibérer sur les affaires du collége, concernant les Maîtres, les Candidats, & généralement tous ceux qui sont soumis audit Collége. Voulons néanmoins, qu'en cas d'affaires urgentes, ledit Conseil puisse être assemblé extraordinairement, sur les mandemens de notre Premier Chirurgien ou de son Lieutenant; & ce qui sera arrêté par le Conseil, à la pluralité des voix, sera exécuté comme si la délibé-ration avoit été faite dans une assemblée générale du Collége; à la réserve néanmoins des emprunts, obligations de deniers & dépenses extraordinaires, qui ne pourront être délibérés ni résolus, que dans une assemblée générale, où tous les Maîtres seront invités. Le Greffier n'aura point de voix délibérative dans le Conseil ou autres assemblées, à moins qu'il ne soit l'un des Membres du collége.

X V.

D A N S les assemblées, tant générales que particulières & du Conseil, notre Premier Chirurgien ou son Lieutenant qui y prési-deront, auront les premières places, ensuite les quatre Prevôts, le Receveur & le Doyen, puis les autres Maîtres, suivant l'ordre de leur réception.

X V I.

A P R È S l'exposition faite par notre Premier Chirurgien ou son Lieutenant, ou par le Prevôt qui présidera en leur absence, chaque Maître ne pourra parler qu'à son rang, & lorsque son nom sera

8

appelé par le Greffier; le tout à peine d'amende pour la première fois, & même d'interdiction en cas de récidive.

X V I I.

CELUI qui aura présidé à l'assemblée, recueillera les voix, en commençant par les anciens, suivant l'ordre de réception de chaque Maître, & en finissant par les Prevôts.

X V I I I.

LES Maîtres en Chirurgie & tous ceux qui sont soumis à la discipline du Collége, feront tenus, sous telle peine qu'il appartiendra, de se rendre à l'assemblée du Conseil, lorsqu'ils y feront mandés par le Lieutenant de notre Premier Chirurgien & les quatre Prevôts, sur le billet ou mandement signé d'eux.

X I X.

LES assemblées pour l'élection des Prevôts, du Receveur, & pour la reddition des comptes, feront composées de notre Premier Chirurgien, de son Lieutenant, des quatre Prevôts, du Receveur, du Greffier, & de tous les Maîtres qui auront dix années de réception.

X X.

A l'égard des assemblées pour les réceptions des Candidats où il y aura distribution de jetons, tous les Maîtres y feront mandés, & auront leur rétribution en la manière accoutumée.

X X I.

LE registre courant restera entre les mains du Greffier, jusqu'à ce qu'il foit rempli; il contiendra tous les actes de suite, par ordre de date, sans y laisser aucun blanc ; & à l'égard des anciens registres, titres & papiers, ils feront mis dans une chambre particulière du Collége ou archives fermant à trois clefs différentes, dont l'une sera remise à notre Premier Chirurgien ou à son Lieutenant; la seconde à l'ancien des quatre Prevôts, & la troisième au Greffier. Les fonds ou deniers restans de la bourse commune, feront renfermés dans une armoire ou coffre déposé auxdites archives, & fermant également à trois clefs différentes, dont l'une sera remise à notre Premier Chirurgien ou à son Lieutenant, la seconde à l'ancien des Prevôts, & la troisième restera entre les mains du Receveur.

XXII.

X X I I.

POUR la confervation des fonds, titres & papiers du Collége, il en fera fait tous les deux ans, après la reddition du compte du Receveur, un inventaire ou répertoire, figné du Lieutenant & des Prevôts; lequel inventaire fera dépofé auxdites archives, pour y avoir recours en cas de befoin ; aucuns defdits titres, papiers & regiftres ne pourront être tirés de l'armoire que fur un récépiffé, lequel fera écrit fur un regiftre particulier, qui fera tenu à cet effet, par le Greffier, & qui demeurera auxdites archives, & en marge duquel fera fait mention de la remife, & le récépiffé barré.

X X I I I.

LES deniers de la bourfe commune feront employés à acquitter les charges ordinaires & annuelles du Collége, fuivant l'état qui en fera arrêté dans une affemblée générale de tous les Maîtres, dans lequel état fera compris une fomme arbitrée à la pluralité des voix pour fatisfaire aux affaires courantes & imprévues qui pourront fe préfenter, & dont l'emploi fe fera par le Confeil, comme il fera dit ci-après.

X X I V.

S'IL reftoit des deniers après l'acquittement des charges ordi-naires & annuelles, ils feront dépofés dans le coffre, & il n'en pourra être fait emploi qu'en vertu d'une délibération de l'affemblée générale; & dans le cas où la dépenfe excéderoit la recette, le furplus fera rendu au Receveur des deniers de la bourfe commune; s'il n'y avoit point de fonds à la bourfe commune, il fera fait fur tous les Maîtres en état de payer, & par égale portion fur chacun d'eux, une répartition par forme d'emprunt de la fomme qui fera dûe, laquelle fomme le nouveau Receveur fera tenu de rembourfer à chacun defdits Maîtres, des premiers deniers qui lui rentreront du produit de ladite bourfe commune.

X X V.

A l'égard des dépenfes courantes & imprévues, qui pourront être prifes, fuivant l'exigence des cas, fur la fomme allouée à cet effet par l'affemblée générale, elles ne pourront être faites qu'après qu'il en aura été ainfi délibéré dans une affemblée du Confeil, à laquelle feront appelés extraordinairement, & pour cet objet feu-lement, quatre des jeunes Maîtres de chaque claffe tirés au fort pour chaque fois : Ne pourra même, en ce cas, le Conseil délibérer s'il n'est composé des deux tiers au moins des Maîtres qui doivent s'y trouver, ni la dépense dont il s'agira être faite, qu'autant qu'elle aura été consentie & autorisée par les deux tiers au moins desdits Maîtres, desquels consentement & autorisation, il sera dressé délibération en la forme ordinaire. Le Receveur joindra à ses comptes, lesdites délibérations, avec les quittances des sommes qu'il aura payées en conséquence ; au moyen de quoi elles lui seront allouées sans difficulté.

X X V I.

Nul Officier du Collége, ni aucun de ses Membres, ne pourra faire de son autorité privée aucun emprunt, obligation ou dépense extraordinaire, sous quelque prétexte que ce puisse être, à peine par celui qui l'auroit faite, d'en demeurer garant & responsable en son propre & privé nom : Sera tenu sur la même peine le Receveur, de payer avant la fin de ses deux années d'exercice, toutes les rentes, charges & dépenses annuelles du Collége, tels que les frais des Imprimeurs, Avocats, Procureurs, Notaires, Commissaires & autres de pareille nature.

TITRE QUATRIÈME.

Du service Divin, & de la visite des pauvres malades.

X X V I I.

Les Prevôts du Collége continueront de députer quatre Maîtres pour assister, suivant l'ancien usage, à l'office Divin dans l'église collégiale de Luzarches, la veille, le jour & le lendemain de la fête de Saint Côme & de Saint Damien ; ils y visiteront les pauvres malades qui se présenteront, & leur donneront gratuitement les conseils & secours nécessaires.

X X V I I I.

Le collége de Chirurgie fera célébrer le jour de la fête de Saint Côme & Saint Damien, une Messe solennelle, Vêpres & Salut en l'honneur de ses Patrons ; & le lendemain deux grandes

Meffes, l'une pour les Confrères défunts, & l'autre pour le fieur Langlois, fondateur de ladite Meffe; après laquelle il fera diftribué, fuivant l'ufage, une fomme de vingt fous aux quatre Députés à Luzarches, & à chacun des feize plus anciens Maîtres.

X X I X.

LES Maîtres en Chirurgie feront convoqués le premier Lundi de chaque mois non fêté, pour affifter à la Meffe; vifiter les pauvres malades, leur donner des confeils, tant de vive voix que par écrit, & leur diftribuer des remèdes chirurgicaux convenables à leurs maladies. A la fin de chaque vifite, il fera diftribué dix fous à chacun des feize plus anciens Maîtres préfens, pour fatisfaire à la fondation dudit fieur Langlois : on ne pourra traiter que d'affaires légères dans ces fortes d'affemblées générales.

X X X.

LE Collége continuera de faire chanter le 14 Mars de chaque année, une Meffe pour le repos de l'ame du feu fieur Leprince, bienfaiteur; on diftribuera dix fous à chacun des vingt plus anciens Maîtres préfens. Il fera également célébré le 24 Avril de chaque année, conformément à la délibération du Collége du 10 juillet 1748, un fervice pour le repos de l'ame du feu fieur François de la Peyronie, Premier Chirurgien; après lequel fera diftribué un jeton d'argent à chacun des foixante-huit Maîtres plus anciens, qui y affifteront.

X X X I.

AU décès de chaque Confrère, il fera diftribué un jeton d'argent de trente-fix au marc, à chacun des quarante plus anciens, y compris les Lieutenant, Prevôts, Receveur & Greffier, s'il eft Maître du collége, tous lefquels Maîtres fe trouveront à cet effet, en la maifon du défunt, avant l'enlèvement du corps.

X X X I I.

LE Lieutenant de notre Premier Chirurgien, & les quatre Prevôts nommeront, de mois en mois, deux Maîtres du collége, favoir, un ancien de réception & un jeune, pris à tour de rôle, fuivant l'ordre du tableau, pour fe trouver au Grand-bureau des Pauvres, en la manière accoutumée, & y vifiter gratuitement les pauvres malades; donner par écrit leurs certificats & leurs avis fur la nature des maladies qui doivent être traitées par les foins des Commissaires dudit Grand-bureau, & même sur l'état des convalescens ; à l'effet de quoi le Chirurgien préposé à la conduite & traitement desdites maladies, représentera les convalescens auxdits Députés du Collége, qui en délivreront leurs certificats.

XXXIII.

LORSQU'IL sera nécessaire de choisir un Chirurgien pour soigner gratuitement les pauvres, dans les hôpitaux de Paris, en qualité de premier Élève, & pour y gagner par six années consécutives, la maîtrise en Chirurgie, on observera qu'il soit au moins âgé de vingt-quatre ans, qu'il soit de bonne vie, mœurs & religion, qu'il ait fait ses cours au collége de Chirurgie, & servi sous les Maîtres ou dans lesdits hôpitaux ou autres, pendant quatre années. Les aspirans à ces places, seront examinés au concours, par le Lieutenant de notre Premier Chirurgien, & par les quatre Prevôts, en présence des Gouverneurs & Administrateurs de l'hôpital au service duquel ils sont destinés.

TITRE CINQUIÈME.

De l'élection des Prevôts, du Receveur & des Conseillers.

XXXIV.

NOTRE Premier Chirurgien ou son Lieutenant, convoquera chaque année, dans le courant du mois de Mars, à tel jour qu'il jugera à propos, tous les Maîtres qui auront au moins dix années de réception, à l'effet de procéder entr'eux, à la pluralité des suffrages, & par la voie du scrutin, en la manière accoutumée, à l'élection de deux Prevôts, pour remplacer ceux qui auront été élus deux années auparavant. On fera, tous les deux ans, le même jour & en la même forme, élection d'un Receveur, lequel, ainsi que les Prevôts, resteront en exercice pendant deux années entières & consécutives.

XXXV.

LES Prevôts ne pourront être choisis qu'entre les Maîtres qui auront au moins dix années de réception. Le Receveur ne pourra également être choisi que dans le nombre des Maîtres qui auront été Prevôts.

X X X V I.

LES Maîtres qui auront été Prevôts, ne pourront être élus ni continués une seconde fois, à moins qu'ils ne réuniffent les deux tiers des fuffrages, & ce pour une fois feulement. Voulons pareillement que notre Premier Chirurgien puiffe, à fon avènement, continuer l'un des Prevôts actuellement en exercice, ou en nommer un à fon choix, entre les anciens Prevôts, fuivant l'ufage.

X X X V I I.

LES Prevôts & Receveur ainfi élus, entreront en exercice le premier Lundi d'Octobre fuivant, & feront tenus immédiatement après leur élection, de faire & prêter ferment par-devant notre Premier Chirurgien ou fon Lieutenant, en la manière accoutumée. Il leur fera délivré par le Greffier, une expédition de leur acte d'élection, pour leur tenir lieu de commiffion.

X X X V I I I.

AUSSITÔT après l'élection des deux Prevôts & du Receveur, & le même jour, les Maîtres de chacune des quatre claffes s'affembleront féparément avec le Lieutenant de notre Premier Chirurgien, les quatre Prevôts & le Receveur, pour nommer entre les préfens, & à la pluralité des fuffrages, quatre Maîtres de chacune de leurs claffes, pour le Confeil.

X X X I X.

L'UN des quatre Maîtres fera choifi du nombre des Chirurgiens-officiers de notre Maifon & Famille royale, agrégés au Collége, ainfi qu'il fera dit ci-après; les trois autres feront choifis indiftinctement entre tous les Maîtres : Nommera en outre, notre Premier Chirurgien ou fon Lieutenant, quatre autres Maîtres, à fon choix, qu'il pourra prendre indifféremment dans toutes les claffes, encore qu'ils ne foient pas préfens, & qu'ils n'aient pas dix années de réception.

X L.

LORSQUE la place de l'un des feize Confeillers, au choix de la Compagnie, deviendra vacante, elle fera remplie, à la nomination du Confeil, qui obfervera de ne nommer qu'un des

Chirurgiens de notre Maifon, s'il eſt queſtion de remplacer l'un defdits Chirurgiens; mais fi l'un des Prevôts ou le Receveur, venoient à décéder avant d'avoir accompli leurs années d'exercice, il feroit fait, auſſitôt après, en la forme ordinaire, dans l'aſſemblée générale des Maîtres qui auroient dix années de réception, élection d'un autre Prevôt ou Receveur, feulement pour achever le temps de celui qui feroit décédé.

X L I.

LES fonctions des Prevôts, feront de gérer les affaires du Collége, de veiller avec le Lieutenant de notre Premier Chirurgien, à l'obfervation des ſtatuts & de la difcipline de la Chirurgie, d'empêcher les abus & contraventions, & de pourfuivre les réfractaires en juſtice, après en avoir pris l'avis de notredit Premier Chirurgien, ou de fon Lieutenant.

X L I I.

LE Receveur fera chargé de toucher & recevoir tous les deniers appartenans au Collége, & de payer les dettes, charges & autres dépenfes arrêtées par l'Aſſemblée générale ou par le Confeil, defquelles recettes & dépenfes il rendra fon compte à la fin de fes deux années d'exercice, en l'aſſemblée générale, par-devant notre Premier Chirurgien ou fon Lieutenant; & afin que ledit compte puiſſe être examiné & difcuté avec toute l'exactitude convenable, le comptable, huit jours au moins avant la reddition de fon compte, fera tenu de communiquer l'état de la recette & de la dépenfe, & des pièces juſtificatives d'icelles, tant au Lieutenant qu'aux Prevôts & à ceux qui compoferont la Chambre du Confeil: Et ne fera ledit compte tenu pour clos & arrêté, qu'après qu'il aura été jugé tel définitivement, & figné par notre Premier Chirurgien ou fon Lieutenant.

X L I I I.

Et pour éviter que les fonds légués par le teſtament du feu *fieur* de la Peyronie pour les progrès de l'art & fcience de la Chirurgie, & pour le foutien de l'Académie royale de Chirurgie que nous avons confirmé par nos Lettres patentes du 2 juillet 1748, ne foient confondus, contre les intentions expreſſes du fondateur, avec les autres revenus appartenans au collége des Maîtres en

Chirurgie de Paris, ne fera tenu le Receveur dudit Collége, d'aucunes des recettes ou dépenfes qui concerneront ladite Académie, ni de la diftribution defdits fonds légués pour les progrès de l'art; lefquels fonds continueront d'être régis par notre Premier Chirurgien, fous les ordres de notre Chancelier & ceux du Secrétaire d'État ayant le département de la ville de Paris, & perçus par le Tréforier de ladite Académie, conformément aux intentions dudit feu fieur de la Peyronie. Sera au furplus régie ladite Académie royale de Chirurgie, en ce qui concerne la forme de fes affemblées, l'examen & la difcuffion des matières chirurgicales, par le règlement particulier que nous avons donné à cet effet.

TITRE SIXIÈME.

Des Cours de Chirurgie & de la Police des Écoles.

XLIV.

Confirmant, en tant que de befoin, nos Lettres patentes du mois de feptembre 1724; voulons que le collége de Chirurgie de Paris continue d'enfeigner & de démontrer publiquement & gratuitement dans fes Écoles, toutes les parties de l'art & fcience de la Chirurgie, lefquelles feront diftribuées ainfi qu'il fuit :

XLV.

Le cours complet des études en Chirurgie, fera compofé des cours de *Phyfiologie*, *Pathologie* & *Thérapeutique*, des cours d'*Anatomie* & d'*Opérations*, de ceux d'*Accouchement* & de *maladies des yeux* ; & enfin d'une *École pratique*, ainfi qu'il fera expliqué ci-après.

XLVI.

Les cours feront indiqués par affiches, & fe feront, les cinq premiers, chacun les mêmes jours par deux Profeffeurs, dont l'un donnera fes leçons le matin, & l'autre l'après midi.

XLVII.

L'ouverture des Écoles fe fera par un difcours public,

qui fera prononcé dans l'amphithéâtre du collége de Chirurgie, par l'un des Profeſſeurs.

X L V I I I.

LE cours de Phyſiologie commencera le premier Lundi libre du mois de Mai, & continuera tous les Lundi & les Jeudi de chaque femaine ; celui de la Pathologie commencera le Mardi ſuivant, & continuera les Mardi & Vendredi : celui de Théra-peutique ſe fera depuis le Mercredi de la même femaine, & ſera continué tous les Mercredi & Samedi; tous ces cours de Théorie finiront à la Saint-Martin.

X L I X.

LE cours d'Anatomie commencera le premier Lundi libre après la Saint - Martin, & continuera les Lundi, Mardi, Jeudi & Vendredi de chaque femaine, juſqu'au 15 Février.

L.

LE cours d'Opérations commencera le premier Lundi libre après le 15 Février, & continuera juſqu'au mois de Mai, les Lundi, Mardi, Jeudi & Vendredi de chaque femaine.

L I.

L'ÉCOLE Pratique de diſſection ſe tiendra pendant les mois de Décembre, Janvier, Février & Mars, par deux Profeſſeurs-démonſtrateurs, au choix de notre Premier Chirurgien, aux jours & heures convenables. Et pour rendre ces exercices plus utiles & éviter la confuſſion, on n'y admettra chaque année que vingt-quatre ſujets ; chacun des Profeſſeurs des cours ci-deſſus marqués, en nommera deux du nombre de ceux des Éleves feulement, qui, natifs de quelqu'une des villes des provinces du Royaume, ſe deſtineront à y retourner pour y exercer leur profeſſion ; qui feront de plus à la troiſième année de leurs cours, & qui ſe feront le plus diſtingués dans les examens & exercices publics qui auront été faits précédemment ; fur le certificat qui leur ſera délivré à cet effet, ils feront admis à l'École pratique pour y faire les opérations & diſſections qui leur feront indiquées par le Démonſ-trateur : Et comme les bâtimens du collége actuel de Chirurgie ne font pas aſſez étendus pour y faire ces exercices fans troubler l'ordre des autres cours ; voulons que juſqu'à ce que nous y ayons

autrement

autrement pourvu, il foit loué dans les environs, une falle convenable, dont le loyer fera payé par le Tréforier, fur les fonds de l'Académie : Pourront néanmoins les autres Élèves être fpectateurs autant que le lieu le permettra.

L I I.

A l'égard des deux cours d'accouchemens & de celui des yeux, ils fe feront pendant les mois de Mai, Juin, Juillet & Août, depuis cinq heures de relevée jufqu'à fix & demie, les Lundi, Mardi & Vendredi ; l'un des cours d'accouchemens fe fera en faveur des feules Sages-femmes & de leurs Élèves, & l'autre féparément, en faveur des Étudians en Chirurgie.

L I I I.

ENTRE les dix Profeffeurs, chargés des cours de Phyfiologie, Pathologie, Thérapeutique, d'Anatomie & des opérations, les cinq plus anciens jouiront chacun des quinze cents livres que nous leur avons accordées ; & à l'égard des cinq autres, ils feront payés chacun des cinq cents livres à eux léguées par le teftament du feu fieur de la Peyronie, lorfqu'il y aura lieu, conformément à icelui.

L I V.

LORSQU'IL vaquera une des penfions de quinze cents livres, affectée auxdites places de Profeffeurs-démonftrateurs, elle paffera de droit au plus ancien de ceux qui feront aux appointemens de cinq cents livres ; & la place de ce dernier fera donnée par un brevet, figné de nous, fur la préfentation de notre Premier Chirurgien, à l'un des Maîtres en Chirurgie de Paris, qui ne pourra néanmoins être choifi que dans le nombre de ceux qui feront Maîtres-ès-arts.

L V.

LE rang d'ancienneté fe comptera du jour de la nomination aux places de Profeffeurs, & non du temps de la réception à la maîtrife en Chirurgie.

L V I.

LES Démonftrateurs de l'École de diffection, feront choifis chaque année par notre Premier Chirurgien, entre ceux des Profeffeurs ou autres Maîtres en Chirurgie qu'il jugera à propos ; &, il leur fera donné à chacun trois cents livres fur les revenus de l'Académie.

C

18

L V I I.

Les deux Profeſſeurs du cours d'accouchemens, feront également nommés par notre Premier Chirurgien, qui leur donnera
des proviſions ; ils jouiront châcun des cinq cents livres d'appointemens à eux légués par le teſtament du feu fieur de la Peyronie.

L V I I I.

Les cinq plus anciens Profeſſeurs, ainſi que celui des maladies
des yeux, par nous fondé par arrêt de notre Conſeil du 10
novembre 1765, feront payés par le Tréforier de nos Domaines
en exercice ; & les cinq moins anciens feront payés par celui de
l'Académie royale de Chirurgie, en rapportant chacun un certificat
de notre Premier Chirurgien, portant que leurs cours ont été faits
avec aſſiduité.

L I X.

Les leçons feront d'une heure & demie chacune, c'eſt-à-dire,
le matin depuis onze heures juſqu'à midi & demi ; & l'après-midi
depuis trois heures préciſes juſqu'à quatre & demie, ſans que, ſous
quelque prétexte que ce ſoit, les Profeſſeurs puiſſent en abréger le
temps ou changer l'ordre fixé par le préſent règlement.

L X.

Ceux des Profeſſeurs, qui, par maladie ou autre empêchement
légitime, ne pourront fe rendre au jour & à l'heure indiqués pour
leurs leçons, auront foin de prendre les meſures convenables pour
fe faire remplacer par l'un de leurs confrères ou autres Maîtres
en Chirurgie ; en forte que leur abfence ne préjudicie en rien à
l'ordre des Écoles, & qu'il ne foit jamais interrompu.

L X I.

Les Profeſſeurs de Phyſiologie & Hygiène, traiteront des
Prolegomènes de la Chirurgie, & expliqueront les fonctions du
corps humain, & l'ufage des chofes non naturelles.

L X I I.

Ceux de Pathologie, traiteront des Maladies chirurgicales,
tant des parties molles que des parties dures ; ils en expliqueront
la nature, les caufes, les fymptômes & les accidens, & indiqueront
les moyens d'y remédier.

L X I I I.

Ceux de Thérapeutique, traiteront des moyens curatifs, de la diette , des médicamens externes , tant fimples que compofés, de la faignée, des ventoufes, des véficatoires, des eaux minérales, confidérées comme remèdes extérieurs.

L X I V.

CEUX de l'Anatomie , traiteront de l'Oftéologie fraîche & sèche, des vifcères , des nerfs , des vaiffeaux , des mufcles , des glandes , & généralement de toutes les parties du corps humain, dont ils démontreront la ftructure, la fituation & les ufages.

L X V.

CEUX des Opérations , traiteront des Maladies chirurgicales en particulier, & démontreront les opérations qui leur conviennent, ainfi que les inftrumens & appareils qui y font néceffaires.

L X V I.

CEUX de l'École pratique, feront faire fous leurs yeux toutes les diffections & opérations de Chirurgie, en conduifant la main de leurs Élèves, & en leur expliquant les avantages & les incon- véniens des différentes méthodes d'opérer.

L X V I I.

ENFIN ceux des accouchemens & celui des maladies des yeux, traiteront de tout ce qui a rapport à ces parties de la Chirurgie.

L X V I I I.

LES Profeffeurs - démonftrateurs auront foin de fe réferver , après la fin de leurs leçons, un temps convenable pour interroger & exercer les Élèves fur les objets qui auront fait les matières des leçons précédentes.

L X I X.

LES Étudians qui fréquenteront les Écoles de Chirurgie, feront tenus de s'infcrire fous chaque Profeffeur, fur trois feuilles diffé- rentes, dont l'une fera remife à notre Premier Chirurgien ; la feconde fera dépofée aux archives du collége de Chirurgie ; & la troifième demeurera entre les mains du Profeffeur.

L X X.

CES infcriptions fe prendront pendant les premiers quinze jours de chaque cours; ce temps paffé, les feuilles feront exactement remifes à leur deftination , & aucun des Élèves ne fera plus reçu à fe faire infcrire.

L X X I.

LES Étudians auront soin d'inscrire leurs noms, surnoms &
provinces, distinctement & lisiblement, & feront lesdites inscriptions
reçues gratuitement & sans frais.

L X X I I.

LE cours complet des études de toutes les parties de la Chirurgie,
sera de trois années, dont la première sera destinée au cours de
Physiologie, la seconde au cours de Pathologie, & la troisième
à celui de Thérapeutique. Voulons en outre que les Élèves recom-
mencent à chacune desdites années les cours d'Anatomie, des
Opérations & des Accouchemens. A l'égard des exercices de
l'École pratique, où tous les Élèves ne peuvent être admis,
du cours des maladies des yeux ou autres cours particuliers qui
pourroient s'établir au collége de Chirurgie pour la plus grande
perfection, les Élèves feront seulement invités de s'y rendre
assidus.

L X X I I I.

AUCUN Élève ne pourra être admis à la Maîtrise pour la ville
& faubourgs de Paris, qu'il n'ait satisfait auxdits cours, en la
forme ci-dessus prescrite. Et à l'égard de ceux qui n'aspireront
point à se faire recevoir dans le collége de Paris, voulons que
lorsqu'ils auront fait ledit cours complet, ils soient reçus, sans
difficulté, dans les communautés des Chirurgiens des villes de
provinces; le tout sans préjudicier aux trois autres années de
service, prescrites par les règlemens généraux pour tous ceux qui
aspirent à la Maîtrise en Chirurgie dans lesdites villes.

L X X I V.

FAISONS très-expresses inhibitions & défenses aux Étudians,
& à toutes personnes, de quelque qualité & condition qu'elles
soient, de commettre aucun désordre, violence ou indécence,
dans les cour & rue du collége de Chirurgie : faisons pareillement
défense aux Étudians d'entrer dans l'amphithéâtre avec épées ou
bâtons; leur enjoignons de s'y comporter avec honneur & respect,
& de n'y parler que quand ils seront interrogés par le Professeur,
sauf au Professeur à faire sortir sur le champ ceux qui auront
contrevenu à la présente disposition, même à les rayer du catalogue, en cas de résistance.

L X X V.

LES Profeſſeurs auront ſoin de faire l'appel autant de fois qu'il en ſera beſoin, pour conſtater de l'aſſiduité des Étudians, & ils délivreront à chacun de ceux qui auront ſuivi leurs cours avec ſageſſe & régularité, des atteſtations ſignées d'eux, & viſées par le Lieutenant & les Prevôts du collége de Chirurgie ; ces atteſtations feront en outre ſignées par notre Premier Chirurgien, ou quelqu'un prépoſé de ſa part à cet effet, pour juſtifier que les dénommés auxdites atteſtations, ſe trouvent inſcrits ſur le catalogue dépoſé entre ſes mains ; au défaut des formalités ci-deſſus, leſdites atteſtations feront nulles & de nul effet.

L X X V I.

LES cadavres ou ſujets néceſſaires pour les cours & démonſtrations, feront gratuitement fournis par les Adminiſtrateurs de l'Hôpital-général, & ce feulement dans les ſaiſons convenables, ſavoir, depuis le 1.er Novembre juſqu'au 1.er Avril de chaque année.

L X X V I I.

LES Démonſtrateurs garderont les cadavres autant de temps qu'il en ſera beſoin pour les démonſtrations, après quoi ils feront exactement remis aux Infirmiers, pour être pourvu à leur ſépulture, en acquittant par leſdits Démonſtrateurs, une ſomme de dix livres pour faire prier Dieu pour le repos de l'ame de chaque ſujet ; enjoignons auxdits Profeſſeurs de n'uſer des ſujets qu'avec les ménagemens & la décence qui conviennent à l'humanité & à la religion.

TITRE SEPTIÈME.

Des qualités requiſes pour parvenir à la Maîtriſe en Chirurgie, & de la forme des réceptions.

L X X V I I I.

LES Élèves en Chirurgie qui voudront ſe préſenter à la Maîtriſe, feront au moins âgés de vingt ans ; il n'en ſera admis aucun en qualité d'Aspirant ou de Candidat, s'il n'est de la Religion Catholique, Apostolique & Romaine.

L X X I X.

LES Candidats feront choix d'un Conducteur dans le nombre des Maîtres, qui auront au moins douze années de réception, & fera tenu ledit Conducteur, d'accompagner le Candidat à tous fes actes, dans lefquels cependant il ne pourra ni interroger le Récipiendaire, ni donner fa voix pour l'admettre ou le refufer; aucun Maître ne pourra conduire plus d'un Afpirant à la fois.

L X X X.

LES Afpirans ne pourront fe préfenter à la Maîtrife que pendant le mois de Mars de chaque année, à moins que par des raifons particulières, & pour le bien du Collége, il n'en ait été autrement délibéré dans le Confeil, à l'exception des fils de Maîtres, qui pourront fe préfenter en tout temps.

L X X X I.

LE Candidat, affifté de fon conducteur, préfentera à notre Premier Chirurgien ou à fon Lieutenant en l'affemblée du Confeil, une requête fignée de lui & de fon conducteur, à laquelle feront joints fon extrait-baptiftaire, enfemble les certificats de vie & mœurs, ceux de cours & de fervice. Le Lieutenant répondra la requête d'un *foit communiqué aux Prevôts,* pour donner par écrit leur avis fur les qualités du Candidat; feront toutes les requêtes dreffées & fignées par le Greffier.

L X X X I I.

AUCUN ne pourra être admis à ladite Maîtrife, qu'il n'ait rempli pendant trois années le cours de Chirurgie, ainfi qu'il a été expliqué ci-devant, & qu'il n'ait en outre exercé avec application & affiduité, pendant trois années, la Chirurgie chez les Maîtres, ou dans les hôpitaux des villes frontières, où dans les armées, ou au moins deux années dans les hôpitaux de Paris; defquels études & fervices il rapportera des certificats en bonne & dûe forme.

L X X X I I I.

ET, pour éviter les fraudes qui pourroient fe commettre par rapport auxdits certificats de fervice chez les Maîtres ou dans les hôpitaux, feront tenus les Élèves, fur un billet qui leur fera donné à cet effet, foit par le Maître chez lequel ils entreront, foit par le Chirurgien - majo* de l'hôpital au fervice duquel ils feront deftinés, fi mieux n'aiment accompagner eux-mêmes leurs Élèves, de faire dans la quinzaine, au greffe de notre premier Chirurgien, déclaration de leur entrée chez ledit Maître ou dans l'hôpital; fera ladite déclaration enregiftrée fur un regiftre particulier qui fera tenu à cet effet par le Greffier; & fera payé par l'Élève, pour ledit enregiftrement, la fomme de dix livres au profit de la bourfe commune du Collége, & celle de quatre livres au Greffier.

L X X X I V.

LORSQUE les Maîtres du Collége ferviront dans les armées, les certificats qu'ils donneront aux Élèves pour le fervice d'une Campagne, leur tiendra lieu d'une année, & feront lefdits certificats vifés par les Colonels & autres Officiers du corps où lefdits Élèves auront été employés dans le temps marqué par leurs certificats. Le *vifa* defdits Officiers tiendra lieu, à l'égard defdits Élèves, de la déclaration au greffe de notre Premier Chirurgien.

L X X X V.

CONFIRMANT, en tant que de befoin, notre déclaration du 23 avril 1743: voulons que, conformément à icelle, les Candidats rapportent, outre les pièces & atteftations ci-deffus, des lettres de Maîtrife ès - arts dans quelqu'une des Univerfités du Royaume: Seront néanmoins exceptés de cette obligation, les Chirurgiens de notre Maifon & Famille royale; ceux qui auront gagné leur Maîtrife par un fervice de fix années dans un hôpital. Les Chirurgiens des autres villes de notre royaume qui auront pratiqué la Chirurgie avec honneur & diftinction pendant vingt années, & qui feront dans le cas d'être agrégés au collége de Chirurgie, conformément à l'article CXXIII ci-après; enfemble ceux dont la capacité, déjà reconnue par une longue expérience, jointe aux talens naturels, & qui en auroient donné des preuves diftinguées, feront dans le cas de mériter la même indulgence, au jugement du Confeil de la compagnie, à la pluralité des fuffrages des Membres qui le compofent: dérogeons à cet égard feulement, en faveur defdits Chirurgiens, aux difpofitions de notre déclaration de 1743.

L X X X V I.

JOUIRONT, lefdits Chirurgiens non gradués, des mêmes

droits, honneurs & prérogatives dont jouiffent les autres Maîtres fans diftinction, à l'exception toutefois qu'ils ne pourront être préfentés au Roi pour remplir les places de Profeffeurs, ni celles d'Officiers de l'Académie.

L X X X V I I.

LORSQUE les Candidats fe trouveront en concurrence d'actes, les Chirurgiens gradués feront préférés aux autres, enfuite les fils de Maîtres, à commencer par les fils des plus anciens : & à l'égard des autres Candidats, la préférence fera donnée fuivant le témps qu'ils auront employé à l'étude de l'Art, & au travail dans les hôpitaux ou chez les Maîtres.

L X X X V I I I.

LES Candidats feront obligés d'affifter aux actes publics dudit Collége, & de fe trouver le premier Lundi de chaque mois non fêté, à dix heures du matin en l'églife de Saint-Côme à Paris, pour affifter au fervice Divin que le Collége fait célébrer, & enfuite être préfens à la vifite des pauvres malades, à l'effet d'écrire les avis, confultations & ordonnances des Maitres ; comme auffi aux Services que le Collége fait faire pour les bienfaiteurs, ainfi qu'aux cérémonies funèbres des Maîtres, le tout à peine de trois livres d'amende applicables au fervice Divin.

L X X X I X.

LA Licence ou le cours des actes que fubiront les Candidats pour parvenir à la Maîtrife, fera compofé, fuivant l'ufage, d'une *Immatricule*, d'une *Tentative*, d'un *Premier examen*, des *Actes des quatre femaines*, du *Dernier examen*, appelé de *Rigueur*, & enfin de *l'Acte public* qui fera foutenu en françois ou en latin, au choix du Candidat, foit qu'il foit Maître-ès-arts, foit qu'il ne le foit pas. Chaque femaine confervera la dénomination des matières qui y feront traitées, c'eft-à-dire, que la première confervera le nom de *femaine d'Oftéologie & de maladies des Ós ;* la feconde, celui de *femaine d'Anatomie ;* la troifième, celui de *femaine d'Opérations ;* & la quatrième, celui de *femaine de Médicamens* : Ne pourra l'ordre defdits actes être changé fous quelque prétexte que ce foit.

X C.

LES Actes de Tentative, du Premier examen, des Semaines & du Dernier examen, feront faits en la manière accoutumée,

favoir,

favoir ; en préfence de notre Premier Chirurgien, de fon Lieutenant, des quatre Prevôts, du Receveur, du Greffier, du Doyen dudit Collége & de tous les Maîtres de l'une des quatre claffes feulement, fans que les Maîtres des autres claffes puiffent y prétendre aucune diftribution ni voix délibérative , encore qu'ils y foient mandés; & chacune des quatre claffes aura fucceffivement le même droit ainfi qu'il eft d'ufage. A l'égard de l'acte public de réception, tous les Membres du Collége qui y auront affifté, feront compris dans la diftribution.

X C I.

LES Maîtres de la claffe en tour, feront tenus d'affifter, aux examens au moins pendant une heure, & de donner leur fuffrage, à peine d'être privés de leurs droits de préfence; en ce cas, l'honoraire des abfens fera au profit du Collége. Et pour conftater l'affiftance de chaque Maître auxdits examens , chacun d'eux mettra fa fignature à côté de fon nom imprimé fur des liftes de chaque claffe, qui feront placées fur le bureau à cet effet. Il fera de plus nommé deux Maîtres par les Lieutenant & Prevôts pour arrêter, conjointement avec le Préfident de l'acte , les liftes à la fin de chaque acte, & faire note des abfens fur les regiftres du Receveur.

X C I I.

NOTRE Premier Chirurgien & fon Lieutenant, feront toujours cenfés préfens à tous les actes , ainfi que le Doyen du collége & les Chirurgiens-officiers de notre Maifon, pendant leur fervice actuel.

X C I I I.

LES Élèves dont les certificats auront été trouvés valables, & dont la requête aura été favorablement répondue par les Prevôts, fur le *foit communiqué* du Lieutenant de notre Premier Chirurgien, porteront leurs billets de convocation chez les Maîtres pour fupplier dans l'affemblée générale du premier Lundi du mois.

X C I V.

AUSSITÔT que la fupplication de l'Élève aura été faite, le Lieutenant ou l'ancien Prevôt, fera part à l'affemblée, de l'examen qui aura été fait des certificats produits par l'afpirant; & dans le cas où ils auroient été jugés valables, s'il n'y a pas de plaintes

D

légitimes contre fes mœurs, il fera fommairement interrogé par les Lieutenant & Prevôts fur les généralités de la Chirurgie feulement.

X C V.

LORSQUE l'Élève aura été jugé fuffifant & capable dans cet examen fommaire, notre Premier Chirurgien ou fon Lieutenant, ordonnera qu'il foit *immatriculé* dans les regiftres, & mis au rang des Candidats.

X C V I.

LES Mandemens ou Billets de convocation des affemblées pour les actes des Candidats, & l'indication des jours, feront délivrés; favoir, pour le Premier & le Dernier examen, & pour l'Acte public ou de Réception, par notre Premier Chirurgien ou fon Lieutenant; à l'égard de la Tentative & des Semaines, ils feront délivrés par le Prevôt de la claffe en tour.

X C V I I.

LES Billets pour la Tentative, pour les Premier & Dernier examens, feront portés par le Candidat chez les Lieutenant, Prevôts, Receveur, Greffier, Doyen & tous les Maîtres de la claffe en tour, neuf jours avant celui qui aura été indiqué. Quant aux actes des Quatre femaines, & pour l'Acte public, ils pourront être portés peu de jours avant, ou même la veille, fuivant la néceffité. Le Récipiendaire fe préfentera avec fon conducteur, au Confeil du Collége, pour demander jour pour chacun des actes.

X C V I I I.

LE fujet de l'examen en Tentative, laquelle ne pourra être différée de plus de trois mois, par le Candidat, fera tiré de la Phyfiologie. Le Candidat fera interrogé au moins par treize Maîtres de la claffe en tour, à commencer par le dernier reçu; les douze autres feront tirés au fort, par le Préfident de l'acte, immédiatement avant l'examen, & en préfence de l'affemblée. Après l'examen, le Préfident recueillera les fuffrages fur l'admiffion ou le refus du Candidat, par la voie de fcrutin; & celui qui n'aura pas eu les deux tiers des voix, fera renvoyé pour autant de temps que la claffe le jugera néceffaire, pour recommencer ledit acte *fans aucun frais,* fuivant l'ufage.

X C I X.

AVANT que de fubir les Premier & Dernier examens, le

Candidat fera tenu de fe préfenter au Confeil du Collége , pour obtenir la permiffion de faire fa fupplique dans l'affemblée générale du premier Lundi du mois ; cette fupplique fera indiquée dans les billets de convocation pour cette affemblée : après que le Candidat y aura fupplié, il fe retirera par-devant notre Premier Chirurgien ou fon Lieutenant, qui lui donnera jour ; le Premier examen ne pourra être fait plus tôt que deux mois après la Tentative : il en fera ainfi des autres actes, entre chacun defquels il y aura au moins deux mois d'intervalle.

C.

DANS le Premier examen, on traitera de la Pathologie chirurgicale, & les Interrogateurs feront au nombre de neuf, au choix de notre Premier Chirurgien ou de fon Lieutenant : dans le Dernier examen, le Candidat fera interrogé par douze Maîtres tirés au fort par notredit Premier Chirurgien ou fon Lieutenant ; & dans le cas d'abfence de quelqu'un des Maîtres nommés pour interroger dans le Premier examen, le Préfident de l'acte pourra en choifir dans toutes les claffes indiftinctement, parmi les Maîtres préfens, & ils recevront l'honoraire de ceux qu'ils auront remplacés ; ce qui fera pareillement obfervé à l'égard des quatre Prevôts en exercice, qui s'abfenteront dans les actes des Quatre femaines : les Maîtres qui fuppléeront les Prevôts, auront au moins douze années de réception.

C I.

LORSQU'UN Candidat voudra fubir le Dernier examen, appelé de *Rigueur,* après la fupplication faite en l'affemblée générale du premier Lundi du mois, il fe pourvoira par-devant le Prevôt de la claffe en tour, qui lui donnera le billet appelé *mandatum,* afin que chacun des Maîtres de la même claffe l'interroge en particulier ; à l'effet de quoi le Candidat les ira vifiter féparément dans leurs maifons, & leur portera le *mandatum* du Prevôt, qu'ils figneront, s'ils jugent le Candidat capable.

C I I.

LE billet ou *mandatum,* ainfi figné par le Prevôt en tour & par le plus grand nombre des Maîtres de fa claffe, fera rapporté par le Candidat, au Premier Chirurgien ou à fon Lieutenant, qui lui donnera jour au bas de fa requête, pour fubir le dernier examen ;

D ij

& fi le *mandatum* n'étoit pas figné du plus grand nombre des Maitres de la claffe en tour, la requête fera rejetée.

C I I I.

LES Quatre femaines feront faites entre le Premier & le Dernier examen. Les Candidats qui voudront les faire, préfenteront leur requête à notre Premier Chirurgien ou à fon Lieutenant ; il y répondra d'un *foit communiqué* aux Prevôts.

C I V.

LES quatre Prevôts interrogeront dans chaque acte des femaines : celle d'Oftéologie fera remplie par quatre après-midi de fuite ; dans les deux premiers jours le Candidat démontrera toutes les parties du fquelette, tant fec que frais, & expliquera les connexions & les ufages des os ; en forte que dans le premier jour on traitera du fquelette humain fec ; & dans le fecond, du fquelette humain frais : les maladies des Os, & les moyens d'y remédier, feront l'objet de l'examen des deux jours fuivans ; le Candidat fera les opérations & applications des bandages & appareils convenables pour la cure des fufdites maladies : les Prevôts feront dans le cours de ces exercices, ainfi que dans les fuivans, chacun à leur tour, telles queftions ou telles obfervations qu'ils jugeront nécef-faires pour s'affurer de la capacité du Récipiendaire.

C V.

LES bandages & appareils feront fournis & préparés par le Candidat, & ils lui refteront.

C V I.

LA femaine d'Anatomie & celle des Opérations, ne pourront fe faire que fur un cadavre humain, lequel fera préalablement vifité par deux Maîtres de la claffe en tour, choifis & nommés par le Préfident de l'acte ; & ne pourront les Candidats être admis à ces femaines, que depuis le 1.er Novembre jufqu'au 20 Mars inclu-fivement. Si l'état du cadavre ne permettoit pas la continuation des opérations, il en fera fourni un nouveau par le Candidat.

C V I I.

LA femaine d'Anatomie, fera compofée de fept actes, qui fe feront de fuite les après-midi, pendant lefquels le Candidat fera le difcours fur la ftructure, la fituation & l'ufage de toutes les parties

du corps humain, qu'il aura préparées & diſſéquées, & dont il fera
la démonſtration à la fin de l'acte.

C V I I I.

LA ſemaine d'Opérations, fera auſſi compoſée de ſept actes,
qui ſe feront de ſuite les après-midi : pendant les ſix premiers
jours, le Candidat, en préſence de l'Aſſemblée, diſcourra ſur
les Maladies chirurgicales & ſur les Opérations qui conviennent
à leur cure, ainſi que ſur les moyens de les prévenir : il exercera
enſuite, à la fin de chaque ſéance, les opérations ſur un cadavre
humain : dans le ſeptième & dernier, fera traité des ſaignées, de
la manière de les faire, des accidens qui peuvent les accompagner
ou les ſuivre, & des moyens de les éviter & d'y remédier. Le
Candidat fera enſuite, ſelon l'uſage, les différentes ſaignées ſur un
ſujet vivant.

C I X.

LA ſemaine de Médicamens, fera compoſée de deux actes qui
feront faits en deux après-midi, dans une même ſemaine. Le
Candidat ſera interrogé ſur les médicamens Chirurgicaux, tant
ſimples que compoſés, ſur leurs vertus, le choix & l'uſage qu'on
en doit faire dans le traitement des maladies ; il préſentera à
l'aſſemblée une quantité de ces médicamens, déterminés ſuivant
l'uſage, leſquels feront remis dans une armoire pour être diſtribués
aux Pauvres malades dans la viſite du premier Lundi de chaque
mois : le Candidat parlera en outre ſur l'application des cautères,
des véſicatoires, des ſétons, des ſangſues, & ſur les cas où
conviennent ces moyens de guériſon.

C X.

AU dernier examen, le Candidat fera interrogé ſur la Thérapeutique chirurgicale & ſur des faits de pratique ; il fera par écrit
un rapport ſur la maladie ou le cas qui lui fera propoſé par le
Préſident de l'acte, & il le lira à haute voix dans l'Aſſemblée.

C X I.

AVANT de ſoutenir l'Acte public, le Candidat fera tenu de ſe
préſenter en l'aſſemblée du Conſeil, accompagné du Préſident,
qui lui aura été nommé pour cet acte, & demandera des Commiſſaires pour l'examen de ſon Programme ou Thèſe, ainſi que pour
s'aſſurer de ſa capacité au fait dudit acte. Les Commiſſaires feront

D iij

leur rapport par écrit dans la plus prochaine assemblée du Conseil, & si ce rapport est favorable, le Candidat se retirera par-devant notre Premier Chirurgien ou son Lieutenant, qui donnera jour pour ledit acte.

C X I I.

TROIS jours avant celui qui aura été fixé, le Candidat remettra trois exemplaires de son Programme ou Thèse au Doyen de la Faculté de Médecine de Paris, en invitant ladite Faculté audit acte public, à l'effet par elle d'y envoyer deux de ses Docteurs avec ledit Doyen.

C X I I I.

LEDIT acte ou examen public sera de quatre heures au moins, & celui qui le soutiendra y répondra pendant la première heure aux difficultés qui pourroient lui être proposées par lesdits trois Docteurs en Médecine, sur les matières dudit examen; & pendant les trois autres heures, par les Maîtres en Chirurgie.

C X I V.

SERONT placés lesdits Docteurs en Médecine dans trois fauteuils au côté droit du Bureau du Lieutenant de notre Premier Chirurgien, des Prevôts & autres Officiers du corps des Maîtres en Chirurgie.

C X V.

EN cas de maladie, absence ou autre légitime empêchement du Doyen de la Faculté de Médecine, sa place sera remplie auxdits actes publics, par le Doyen qui l'aura précédé immédiatement, ou à son défaut, par le plus ancien des Docteurs en ladite Faculté ; & l'un ou l'autre recevra le même honoraire que le Doyen qu'il représentera ; lequel honoraire ne pourra être payé en aucun cas qu'à ceux qui auront été présens auxdits actes.

C X V I.

LE Candidat en répondant aux questions ou argumens qui lui seront proposés par le Doyen de la Faculté, sera tenu de lui donner la qualité de *Decanus saluberrimæ facultatis ;* & à chacun desdits Docteurs celle de *sapientissimus Doctor,* suivant l'usage observé dans les Écoles de l'Université.

C X V I I.

IL sera payé un écu par le Candidat au Doyen & à chacun des

Docteurs qui auront affifté audit examen ou acte public, lorfqu'ils fortiront de la falle où ledit acte aura été foutenu.

C X V I I I.

LEDIT acte ou examen public achevé, notre Premier Chirurgien, s'il y a affifté, ou en fon abfence fon Lieutenant, les Prevôts & les autres Maîtres en Chirurgie feulement, fe retireront dans une falle voifine pour y procéder par la voie du fcrutin, & en la manière accoutumée, à la réception du Candidat; & en cas qu'il ait été trouvé fuffifant & capable, à la pluralité des voix, il fera mandé en ladite falle, pour y prêter le ferment ordinaire entre les mains de notre Premier Chirurgien, de fon Lieutenant ou du plus-ancien Prevôt, & être ainfi reçu & admis à la maîtrife en Chirurgie.

C X I X.

IL fera fait une mention expreffe dudit examen public, tant dans l'acte de réception de chaque Candidat, que dans fes Lettres de maîtrife; & fera ledit acte de réception, figné feulement par notre Premier Chirurgien ou fon Lieutenant, par les Prevôts, par les Maîtres qui auront donné leurs fuffrages, ainfi que par le Greffier & le répondant.

C X X.

LES nouveaux Maîtres remettront au Doyen de la Faculté de Médecine, une expédition de leurs Lettres de maîtrife, & ce dans la quinzaine, à compter du jour de leur réception, fans néanmoins que lefdits Doyen & Faculté puiffent exiger à l'avenir, pour quelque caufe ou prétexte que ce foit, aucun ferment, tribut ou redevance defdits Maîtres en Chirurgie, en général ou en particulier, ni les mander à cet effet, ou les troubler pour raifon de ce, dans l'exercice de leur profeffion ou autrement.

C X X I.

SERONT toutes les Lettres de maîtrifes expédiées par le Greffier de notre Premier Chirurgien, fignées du Lieutenant, & contre-fignées par ledit Greffier.

TITRE HUITIÈME.

Des Agrégations.

C X X I I.

SERONT unis & agrégés audit collége des Maîtres en chirurgie de Paris, suivant l'usage, les Chirurgiens-officiers de notre Maison & Famille royale, ceux du Premier Prince de notre Sang, ceux qui font à la nomination de notre Grand-Prevôt, ainsi que les Chirurgiens qui auront été admis à gagner la Maîtrise par un service de six années consécutives dans les hôpitaux.

C X X I I I.

POURRONT pareillement être agrégés audit Collége, les Chirurgiens des villes dans lesquelles il y a Parlement & Archevêché, & qui, après y avoir été reçus Maîtres, y auront pratiqué la Chirurgie avec distinction pendant vingt années, à compter du jour de leur réception, en rapportant leurs Lettres de Maîtrise, & des attestations signées de notre Procureur général, des Lieutenans généraux de Police, Maire, Échevins ou Consuls de ladite ville.

C X X I V.

LES Chirurgiens qui voudront poursuivre leur agrégation, présenteront à notre Premier Chirurgien ou à son Lieutenant, leur requête, à laquelle ils joindront leurs provisions, titres, certificats & Lettres de Maîtrise ès-arts, s'ils font gradués, pour être le tout enregistré au Greffe de notre Premier Chirurgien. La requête fera répondue d'un *soit communiqué* aux Prevôts; & lorsqu'il leur aura été donné jour par le Lieutenant pour leur agrégation, ils iront, accompagnés de leur conducteur, porter les billets de convocation chez les Lieutenant, Prevôts, Receveur, Greffier & Doyen du Collége: au jour indiqué, ils soutiendront seulement l'acte ou examen public, en se conformant à cet égard, aux articles ci-dessus concernant ledit acte public. Et seront reçus & admis à la Maîtrise, en prêtant serment entre les mains de notre

Premier

Premier Chirurgien ou de fon Lieutenant, pour jouir, du jour de leur agrégation, de tous les mêmes droits & priviléges dont jouiffent les autres Membres dudit Collége, en payant feulement les droits portés ci-après pour ledit acte, y compris ceux de la bourfe commune & les enterremens.

C X X V.

Ne pourront lefdits Chirurgiens agrégés, ni aucuns autres Maîtres en Chirurgie de Paris, louer leurs priviléges ni avoir d'Élèves ailleurs que dans le domicile qu'ils occuperont en perfonne, à quelque titre & fous quelque prétexte que ce puiffe être : Ne pourront pareillement les Veuves des Maîtres qui feront reçus à l'avenir après l'enregiftrement des préfentes, faire exercer la Chirurgie en leur nom par des Élèves, ainfi qu'il fe pratiquoit ci-devant.

TITRE NEUVIÈME.

De la réception des Experts.

C X X V I.

Ceux qui voudront s'occuper de la fabrique & conftruction des Bandages pour les hernies, ou ne s'appliquer qu'à la cure des Dents, feront tenus, avant d'en faire l'exercice, de fe faire recevoir audit collége de Chirurgie, en la qualité d'Experts.

C X X V I I.

Ne pourront aucuns Afpirans, être admis à ladite qualité d'Experts, s'ils n'ont fervi deux années entières & confécutives chez l'un des Maîtres en Chirurgie, ou chez l'un des Experts établis dans la ville & faubourgs de Paris, ou enfin fous plufieurs Maîtres ou Experts des autres villes pendant trois années; ce qu'ils feront tenus de juftifier par des certificats en bonne forme, & par des actes d'entrée chez lefdits Maîtres ou Experts, enregiftrés comme il a été dit ci-devant article LXXXIII, au Greffe de notre Premier Chirurgien dans la quinzaine de leur entrée, à peine de nullité.

E

C X X X V I I I.

SERONT reçus lefdits Experts, en fubiffant deux examens en deux jours différens dans la même femaine, après avoir préfenté requête dans la forme ordinaire, à laquelle feront joints leurs extrait baptiftaire, certificats de religion & ceux de fervice. Ils feront interrogés le premier jour fur la Théorie, & le fecond fur la Pratique defdits exercices, par le Lieutenant de notre Premier Chirurgien, les quatre Prevôts & le Receveur en charge, en préfence du Doyen de la faculté de Médecine, du Doyen du collége de Chirurgie, des deux Prevôts & du Receveur qui en fortent, de tous les Membres du Confeil & de deux Maîtres de chacune des quatre claffes, qui feront fucceffivement choifis à leur tour. S'ils font jugés capables dans ces examens, ils feront admis à ladite qualité d'Experts, en payant les droits portés ci-après pour les Experts, & en prêtant ferment entre les mains de notre Premier Chirurgien ou de fon Lieutenant.

C X X I X.

DÉFENSES font faites auxdits Experts, à peine de trois cents livres d'amende, d'exercer aucune partie de la Chirurgie, que celle pour laquelle ils auront été reçus, & de prendre fur leurs enfeignes ou placards, affiches ou billets, la qualité de Chirurgiens, fous peine de cent livres d'amende. Ils auront feulement la faculté de prendre celle d'*Experts herniaires* ou *Dentiftes*.

TITRE DIXIÈME.

De la réception des Sages-femmes.

C X X X.

TOUTE Afpirante à l'art des accouchemens, fera obligée d'en faire apprentiffage de trois années, chez un Maître en Chirurgie, ou une Maîtreffe Sage-femme de la ville & faubourgs de Paris, ou de trois mois à l'Hôtel-Dieu de ladite ville, à moins qu'elle ne foit fille de Maîtreffe Sage-femme, & qu'elle n'ait exercée pendant trois ans au moins, fous les yeux de fa mère: Aucune ne pourra être admife à l'examen, fi elle n'eft âgée au moins de vingt ans, de la Religion Catholique, Apoſtolique & Romaine : & feront les Afpirantes, conduites & préfentées par les Jurées Sages-femmes du Châtelet, lefquelles ne pourront prendre aucun droit d'inſtruction, s'il n'en eſt ainſi convenu par écrit entr'elles & les Afpirantes.

C X X X I.

LES brevêts d'apprentiſſage qui fe feront pour trois années, chez les Maîtres en Chirurgie ou chez les Maîtreſſes Sages-femmes de Paris, feront enregiſtrés au greffe de notre Premier Chirurgien, dans la quinzaine de leur paſſation, à peine de nullité; pour lequel enregiſtrement fera payé la fomme de dix livres au Receveur du Collége, au profit de la bourfe commune, & trois livres au Greffier : Et à l'égard des apprentiſſes de l'Hôtel-Dieu, elles fe préfenteront à la Maîtrife, fur un fimple certificat des Adminiſtrateurs, du Chirurgien-major, & de la Maîtreſſe & principale Sage-femme dudit Hôtel-Dieu.

C X X X I I.

LES Afpirantes qui voudront fe faire admettre à la Maîtrife en l'art des accouchemens, préfenteront à notre Premier Chirurgien, ou à fon Lieutenant, leur requête fignée d'elle & de l'une des quatre Jurées Sages-femmes en titre d'office, qui fera de tour, à laquelle requête feront joints l'extrait baptiſtaire de l'Afpirante, fon atteſtation de bonne vie, mœurs & religion, fon brevêt d'apprentiſſage, le certificat d'un cours d'accouchemens; & en cas qu'elles foient mariées, l'acte de célébration de leur mariage.

C X X X I I I.

EN cas de refus de la part de la Jurée Sage-femme, de figner la requête & d'affiſter l'Afpirante à fes examens, celle-ci fera renvoyée au plus prochain jour, pour être reçue dans l'affemblée des Maîtres dudit Collége, tant en préfence qu'en abfence de la Jurée, en rapportant l'acte de fommation qu'elle aura fait fignifier à ladite Jurée Sage-femme, pour conſtater fon refus.

C X X X I V.

LA requête fera répondue par notre Premier Chirurgien ou fon

Lieutenant, d'un *foit communiqué aux Prevôts;* après quoi l'Afpirante fera tenue de fe préfenter au collége, au jour & à l'heure
que notre Premier Chirurgien ou fon Lieutenant, lui aura indiqué
pour fon examen, & de faire avertir par l'Appariteur du Collége,
ceux qui doivent y être préfens.

C X X X V.

L'EXAMEN de chaque Afpirante fera fait feulement par notre
Premier Chirurgien ou fon Lieutenant, les quatre Prevôts, les quatre
Chirurgiens du Châtelet, & les quatre Jurées Sages-femmes dudit
Châtelet, en prefence du Doyen de la Faculté de Médecine, des
deux Médecins du Châtelet, du Doyen du collége de Chirurgie, &
de huit Maîtres dudit collége, favoir, du Receveur, des deux Prevôts
nouvellement fortis d'exercice, du dernier Receveur & de quatre
Maîtres du Conteil, à tour de rôle. Les Afpirantes qui auront été
jugées capables, par la voie du fcrutin, feront reçues fur le champ,
& notre Premier Chirurgien ou fon Lieutenant, leur fera prêter
le ferment ordinaire.

C X X X V I.

AUCUNE Sage-femme ne pourra exercer fon art, ni être
pourvue de l'une des charges de Jurées en titre d'office du Châtelet
de Paris, fi elle n'a été reçue au collége de Chirurgie, en la
forme prefcrite ci-deffus.

C X X X V I I.

LES Jurées Sages-femmes en titre d'office du Châtelet, qui
fe feront pourvoir, feront tenues de préfenter leurs provifions à
notre Premier Chirurgien ou à fon Lieutenant, qui les commu-
niquera aux Prevôts, pour en confentir l'enregiftrement, lequel
en fera fait au greffe du Premier Chirurgien, en la manière
accoutumée.

C X X X V I I I.

TOUTES Sages-femmes, tant du Châtelet qu'autres, ne
pourront avoir plus d'une apprentiffe à la fois, & ne pourront
auffi prêter leur nom pour autorifer d'autres femmes à travailler
dans l'art des accouchemens, à peine de cinquante livres d'amende.

TITRE ONZIÈME.

Des Droits qui feront payés pour les Réceptions.

C X X X I X.

Des Droits pour le Cours de la Licence.

IMMATRICULE.

A notre Premier Chirurgien & à fon Lieutenant, pour répondre la Requête, quatre livres.

Au Greffier, deux livres.

Au Premier Chirurgien, à fon Lieutenant, aux quatre Prevôts, au Receveur & au Greffier, à chacun trois livres.

TENTATIVE.

AU Prevôt de la claffe en tour, pour les Billets de convocation, fix livres.

A notre Premier Chirurgien, à fon Lieutenant, au Prevôt de la claffe en tour, chacun douze livres.

Aux trois autres Prevôts, au Receveur & au Greffier, chacun fix livres.

A chacun des Maîtres de la claffe en tour, deux livres.

PREMIER EXAMEN.

AU Premier Chirurgien & à fon Lieutenant, pour répondre la Requête, quatre livres.

Au Greffier, deux livres.

Au Premier Chirurgien & à fon Lieutenant, pour les Billets de convocation, fix livres.

Au Premier Chirurgien, à fon Lieutenant, au Prevôt de la claffe en tour, aux trois autres Prevôts, au Receveur, au Greffier & aux autres Maîtres de la claffe, mêmes droits qu'à la Tentative.

ENTRÉE EN SEMAINE.

AU Premier Chirurgien, & à fon Lieutenant, pour répondre la Requête, quatre livres.

Au Greffier, deux livres.

Aux quatre Prevôts, au Receveur, au Greffier qui infcrira l'acte dans les Regiftres, pour chacun, trois livres.

OSTÉOLOGIE.

AU Prevôt de la claffe en tour, pour les Billets de convocation, fix livres.

' Au Premier Chirurgien, à fon Lieutenant & au Prevôt de la claffe en tour, pour chacun, dix-huit livres.

Aux trois autres Prevôts & au Receveur, à chacun neuf livres.

Au Greffier, trois livres.

A chacun des Maîtres de la claffe en tour, trois livres.

A N A T O M I E.

Au Préfident de l'acte, pour les Billets de convocation, fix livres.

Audit Préfident de l'acte, pour fon affiftance, vingt-deux livres.

Au Premier Chirurgien, à fon Lieutenant, aux trois autres Prevôts, au Receveur, chacun onze livres.

Au Greffier, cinq livres dix fous.

A chacun des Maîtres de la claffe, trois livres.

O P É R A T I O N S.

Mêmes droits qu'à l'Anatomie.

M É D I C A M E N S.

Semblables droits qu'à la Tentative.

D E R N I E R   E X A M E N.

Mêmes droits qu'au premier Examen.

A C T E   P U B L I C.

A notre Premier Chirurgien & à fon Lieutenant, pour les Billets de convocation, fix livres.

A notredit Premier Chirurgien & à fon Lieutenant, quarante livres.

Aux quatre Prevôts, au Receveur & au Greffier, vingt-huit livres, pour chacun.

Le Candidat donnera en outre au Premier Chirurgien & à fon Lieutenant, aux quatre Prevôts, au Receveur, au Greffier, huit jetons d'argent pour chacun, & deux paires de gants.

A chacun des Maîtres dudit Collége, deux jetons d'argent.

Au Préfident de l'acte public, huit jetons, & à chacun des Maîtres qui feront nommés pour y argumenter au nombre de fix, deux jetons d'argent ; outre ce qui leur eft dû comme Prevôts, ou comme Maîtres : feront tous les jetons de trente-fix au marc.

A la bourfe commune, pour les affaires de la Compagnie, la fomme de fix cents livres ; favoir, trois cents livres avant l'Immatricule, & pareille fomme avant la femaine d'Anatomie.

Chaque Candidat donnera de plus quarante jetons d'argent, pour être diftribués aux quarante plus anciens Maîtres qui affifteront aux enterremens, fuivant l'ufage ; le Greffier compris, s'il eft Maitre en Chirurgie.

C X L.

LE Receveur donnera un reçu de la fomme qui lui aura été payée par le Candidat, pour chacun defdits actes.

C X L I.

LES fils des Maîtres ne payeront que la moitié des droits fixés ci-devant, à la réferve des jetons pour le Préfident de l'acte public, & pour les Maîtres qui y argumenteront, auxquels fera donné par les fils des Maîtres, la même rétribution que par ceux qui n'auront pas cette qualité.

C X L I I.

Droits pour la Réception des Experts.

A notre Premier Chirurgien & à fon Lieutenant, pour répondre la Requête, quatre livres.

Au Greffier, deux livres.

Audit Premier Chirurgien & à fon Lieutenant, pour les Billets de convocation, fix livres.

Au Doyen de la Faculté de Médecine, trois livres & deux paires de gants.

Au Premier Chirurgien & à fon Lieutenant, pour les examens, quarante livres, douze jetons d'argent & deux paires de gants.

Aux quatre Prevôts, au Receveur & au Greffier, vingt livres, fix jetons d'argent & deux paires de gants.

A chacun des Maîtres du Confeil, & aux autres Maîtres préfens, vingt fous & trois jetons d'argent.

Payeront en outre les Experts, trois cents livres au profit de la bourfe commune pour les affaires du Collége.

C X L I I I.

Droits pour la Réception des Sages-femmes.

A notre Premier Chirurgien ou à fon Lieutenant, pour répondre la Requête, quatre livres.

Au Greffier, deux livres.

Aud^t Premier Chirurgien & à fon Lieutenant, pour les Billets de convocation, fix livres.

Au Doyen de la Faculté, fix livres.

Aux deux Médecins du Châtelet, pour chacun, neuf livres douze fous fix deniers.

Audit Premier Chirurgien & à fon Lieutenant, chacun fix livres.

A chacun des quatre Chirurgiens du Châtelet, neuf livres douze fous fix deniers.

A chacune des quatre Jurées Sages-femmes du Châtelet en titre d'office; favoir, pour le droit de préfentation à celle qui eſt en tour, vingt-deux livres; & pour l'affiſtance, tant de celle-là que des trois autres, chacune neuf livres douze fous fix deniers.

Au Doyen du Collége, aux deux Prevôts & au Receveur qui fortent d'exercice, & à quatre Maîtres du Confeil en tour, chacun quinze fous.

TITRE DOUZIÈME.

De la réception des Chirurgiens pour la banlieue & le reſſort de la prevôté & vicomté de Paris.

C X L I V.

N OTRE Premier Chirurgien ou fon Lieutenant, continuera de recevoir en fa maifon, les Afpirans à la Maîtrife en Chirurgie, Sages-femmes & tous autres faifant quelque partie de la Chirurgie que ce foit, en la banlieue, prevôté & vicomté de Paris, formant le département ou reſſort de la Lieutenance de notredit Premier Chirurgien en ladite ville; enfemble ceux de toutes les autres villes du Royaume qui auront un acte de refus atteſté & légalifé par le Juge royal : Comme auſſi ceux qui voudront fe faire recevoir pour des villes où la Lieutenance de notre Premier Chirurgien feroit vacante, en appellant auxdites réceptions un Médecin de la Faculté de Paris, l'un des quatre Prevôts du collége de Chirurgie, & tel autre nombre de Maîtres dudit Collége qu'il croira convenable.

C X L V.

L E S Afpirans à la Maîtrife en Chirurgie pour la banlieue,
prevôté

prevôté & vicomté de Paris , rapporteront des certificats de leurs bonne vie , mœurs & religion ; de deux années d'apprentif-fage chez un Maître ou de fervice dans les hôpitaux , & de trois années d'exercice , foit chez les Maîtres , foit dans les hôpitaux , & ils feront admis à faire leurs examens de trois heures chacun en deux jours différens , favoir ; le premier examen fur l'Ana-tomie , l'Oftéologie , les Fractures & Luxations ; & le fecond , fur les Saignées , les Plaies , Ulcères & Médicamens. S'ils font jugés capables , ils feront reçus à la Maîtrife en prêtant ferment entre les mains de notre Premier Chirurgien ou de fon Lieutenant , & en payant les droits accoutumés.

C X L V I.

LESDITS Chirurgiens ainfi reçus , ne pourront s'établir qu'au de-là de la dernière barrière fortant des faubourgs de Paris.

C X L V I I.

DÉFENSES font faites à tous Chirurgiens , Barbiers ou autres , de s'immifcer dans l'exercice de la Chirurgie , ou d'aucune partie d'icelle dans la banlieue , prevôté & vicomté de Paris , à moins d'avoir été admis à la Maîtrife en la forme ci-deffus , fous peine de cinq cents livres d'amende & de plus grande peine s'il y échoit , même d'emprifonnement de leur perfonne.

C X L V I I I.

A L'ÉGARD des Chirurgiens des villes de provinces , qui fe feront recevoir à Paris fur un acte de refus , ou pendant les va-cances des Lieutenances de notre Premier Chirurgien , ils fubiront de fuite & fans garder les interftices ordinaires entre les actes , les examens , & payeront les mêmes droits auxquels ils auroient été affujettis s'ils euffent été admis à la Maîtrife par la commu-nauté des Chirurgiens de la ville pour laquelle ils fe feront recevoir, & fuivant les ftatuts d'icelle Communauté ; à l'exception toute-fois du droit de bourfe commune qui fera réfervé pour être payé à la communauté des Chirurgiens de ladite ville , lors de l'agré-gation dudit Maître , laquelle agrégation confiftera dans le fimple enregiftrement des lettres de Maîtrife qu'il aura obtenues à Paris , ou en cas de refus dudit enregiftrement , dans la fimple fignification qui fera faite defdites Lettres au Lieutenant , au Prevôt & au Greffier de ladite Communauté ; au moyen de quoi jouira ledit Maître ,

F

de tous les autres droits, honneurs & priviléges dont jouiffent les autres Membres de ladite communauté.

TITRE TREIZIÈME.

De la Police générale de la Chirurgie.

CXLIX.

Les Maîtres du collége de Chirurgie, payeront chacun par an, la fomme de douze livres pour les befoins du Collége ; à l'égard des Sages-femmes & des Experts, ils ne payeront que quarante fous chacun par année, conformément à l'arrêt de notre Confeil du 6 avril 1694 : Payeront en outre lefdits Maîtres, Sages-femmes & tous autres foumis audit Collége, vingt fous par an chacun pour le droit de Chapelle.

C L.

Les Maîtres du Collége, feront obligés d'avertir inceffamment les Commiffaires de leur quartier, des bleffés qu'ils auront panfés en premier appareil.

C L I.

Défendons, tant aux Maîtres dudit Collége, qu'à tous autres, de lever aucun appareil pofé par d'autres Maîtres, fi ce n'eft en leur préfence, ou eux dûement appelés, à moins toutefois d'un péril évident, à peine d'interdiction & de cinq cents livres d'amende.

C L I I.

Il ne pourra être procédé à l'ouverture des Cadavres, depuis le 1.er Avril jufqu'au 1.er Octobre, que douze heures après la mort ; & depuis ledit jour 1.er Octobre jufqu'au 1.er Avril, qu'après vingt-quatre heures ; & ceux qui mourront fubitement, ne pourrront en toute faifon être ouverts qu'après vingt-quatre heures pour le moins.

C L I I I.

Nul ne pourra enfeigner l'Anatomie ni aucune partie de la Chirurgie, s'il n'eft Maître en l'art & fcience de Chirurgie, fous peine de cinq cents livres d'amende.

43

C L I V.

Les Sages-femmes feront tenues de mettre leur nom au bas de leurs enseignes; leur défendons d'en inscrire d'autres: Ne pourront pareillement deux ou plusieurs Sages-femmes demeurer dans la même maison, si ce n'est du consentement de la plus ancienne d'elles, habitante dans la même maison.

C L V.

Les Soldats servant dans les compagnies des régimens des Gardes-françoises & suisses, sous le nom de Chirurgiens desdites compagnies, ne pourront exercer que pour les Officiers & Soldats desdits régimens, & ne pourront avoir aucun garçon ou aide, sous quelque prétexte que ce soit, ni d'autre demeure que celle du quartier de leur compagnie; leur défendons d'avoir aucunes marques extérieures qui indiquent un Chirurgien.

C L V I.

Nul ne pourra faire imprimer, afficher ou distribuer dans la ville & faubourgs de Paris, aucunes recettes ou remèdes dépendans dudit art, s'il n'en a obtenu la permission du Lieutenant général de police, sur les certificats de la Chambre de la commission, de notre Premier Chirurgien, de son Lieutenant & des quatre Prevôts; & ceux qui obtiendront ladite permission, seront tenus d'exprimer dans leurs placards, affiches ou billets, leurs nom & demeure, à peine de cinq cents livres d'amende: leur défendons pareillement, sous les mêmes peines, de porter des remèdes en ville, & de faire la Chirurgie, sous prétexte desdits remèdes, dont nous leur interdisons l'application.

C L V I I.

A l'égard des Membres du Collége, qui auront fait la découverte de quelques remèdes ou méthodes particulières de traiter certaines maladies, ils en donneront communication à l'Académie royale de Chirurgie, qui, si elle les juge utiles, en informera le public, par la voie des écrits périodiques; défendons auxdits Membres de faire lesdites annonces en leur propre & privé nom, à peine de cinq cents livres d'amende, d'un an d'interdiction de toutes les assemblées du Collége & de l'Académie, & de plus grande s'il y échoit.

C L V I I I.

LES dommages-intérêts, ainfi que les amendes qui pourront être prononcées pour contravention aux préfentes, feront appliqués au profit de la bourfe commune, & perçues par le Receveur du Collége, lequel fera tenu de s'en charger dans la recette de fon compte.

C L I X.

PRENDRA au furplus, l'affemblée du Confeil, telles délibérations qui feront jugées néceffaires pour la plus grande perfection de la police intérieure du Collége; lefquelles délibérations auront force de loi, lorfqu'elles auront été homologuées en notre Parlement, fur les conclufions de notre Procureur général.

C L X.

TOUTES les difpofitions ci-deffus, feront exécutées felon leur forme & teneur, & ce nonobflant tous édits & déclarations, arrêts & règlemens à ce contraires, auxquels nous avons dérogé & dérogeons par ces préfentes, en tant que de befoin. SI DONNONS EN MANDEMENT à nos amés & féaux Confeillers les Gens tenant notre Cour de Parlement à Paris, que ces préfentes ils faffent lire, publier & enregiftrer, & le contenu en icelles faire garder, obferver & exécuter felon leur forme & teneur, nonobflant toutes chofes à ce contraires : CAR TEL EST NOTRE PLAISIR ; & afin que ce foit chofe ferme & ftable à toujours, nous y avons fait mettre notre feel. DONNÉ à Verfailles au mois de Mai, l'an de grâce mil fept cent foixante-huit, & de notre règne le cinquante-troifième. *Signé* LOUIS. *Et plus bas*, Par le Roi. *Signé* PHELYPEAUX. *Vifa* LOUIS. Et feellé du grand feeau de cire verte, en lacs de foie rouge & verte.

Regiftrées, ouï le Procureur général du Roi, pour être exécutées felon leur forme & teneur, fuivant l'arrêt de ce jour. A Paris, en Parlement, le dix Mai mil fept cent foixante-huit. Signé YSABEAU.

www.ingramcontent.com/pod-product-compliance
Lightning Source LLC
LaVergne TN
LVHW022341170726
843503LV00008B/3475